面塑

包头市青山区非物质文化遗产丛书

包头市青山区"非遗进校园"优秀案例集萃

邢茹 主编

远方出版社

图书在版编目（CIP）数据

面塑：包头市青山区"非遗进校园"优秀案例集萃 / 邢茹主编. -- 呼和浩特：远方出版社，2022.5（2022.8重印）

（包头市青山区非物质文化遗产丛书）

ISBN 978-7-5555-1744-3

Ⅰ.①面… Ⅱ.①邢… Ⅲ.①面塑 – 民间工艺 – 中国 – 教案(教育) – 小学 Ⅳ.①G623.752

中国版本图书馆 CIP 数据核字（2022）第 061359 号

面塑——包头市青山区"非遗进校园"优秀案例集萃
MIANSU BAOTOU SHI QINGSHAN QU FEIYI JIN XIAOYUAN YOUXIU ANLI JICUI

主　　编	邢　茹
责任编辑	奥丽雅　萨日娜
责任校对	安歌尔
装帧设计	古　麦
出版发行	远方出版社
社　　址	呼和浩特市乌兰察布东路666号　邮编010010
电　　话	（0471）2236473 总编室　2236460 发行部
经　　销	新华书店
印　　刷	内蒙古爱信达教育印务有限责任公司
开　　本	787毫米×1092毫米 1/16
字　　数	44千
印　　张	8.25
版　　次	2022年5月第1版
印　　次	2022年8月第2次印刷
印　　数	2001—2700册
标准书号	ISBN 978-7-5555-1744-3
定　　价	96.80元

如发现印装质量问题，请与出版社联系调换

编 委 会

主 任

门小勇　王红川

主 编

邢 茹

执行主编

王云峰　徐 超　张建华

非遗保护顾问

郑晓峰

文学指导

郝育松

成 员

孙桂霞　朱雁云　刘 佳　郭海燕　贾瑞沙　李青青
李 娟　张晓琴　张涛涛　杨 吉　何丽娜　高陆平
洪 梅　李 英　王富荣　张勇飞　冯 杰　刘亦阳
薛 艳

监 制

包头市青山区文化馆
包头市青山区图书馆
包头市青山区光荣道小学

技术指导单位

包头市非物质文化遗产保护中心

趣读面塑知识

边读边学 传承文化

📖 面塑·配套资源

★ 配套视频 ★
视频展示书中面塑内容
深入了解面塑知识

★ 高清大图 ★
高清展示面塑图片
欣赏和学习面塑文化魅力

🎧 面塑·视听盛宴

★ 面塑赏析 ★
趣看、趣读面塑文化
领略中华优秀传统文化魅力

★ 纪录片《面塑人生》★
看艺术人生
了解中国传统手工艺

📱 面塑·传承有我

☑ 面塑交流圈
和小伙伴们聚在一起，聊一聊你的心得

扫码添加
智能阅读向导
趣读面塑文化

序言

　　生活中的很多事物，我们留心观察一下，就会觉得很有意思。这本关于面塑的书，就是一个生动的实例。

　　近年，我有机会接触到非物质文化遗产这件事，以前只是从文字或图像中了解过。这回我有幸见到一本写给孩子们的面塑读本，很是感慨，但更多的是感动。

　　面塑作为我国民间传统艺术之一，经过时间的洗礼、文化的熏染，如今，它的实用价值更多地被文化色彩所覆盖。这本书会带你走进面塑的原生状态，可能算不上是起点，但必定是一个实践的过程。

　　近年来，各地深入开展非遗保护和传承活动，挖掘并合理利用非遗资源。与此同时，随着"非遗进校园"等活动的广泛开展，越来越多的非遗项目融入人们的生产生活。

　　中华文化源远流长，中华大地非物质文化遗产资源丰富，面塑艺术对延续历史文脉，找到传统文化和现代生活的连接点，有不可小觑的作用。

　　包头市青山区的非遗工作者，一直在做好、做实非遗工作方面狠下功夫，也很见成效，本书是一个很好的见证。自包头市青山区光荣道小学非遗传承示范基地建立以来，经过长期实践和积淀，形成"非遗进校园"教育实践成果，从而使非遗保护工

作得到进一步深化与提升。这一成果提高了广大青少年的文化自觉性,并通过各种有效措施和途径,让非物质文化遗产代代相传。非遗工作不仅要靠专业人员来保护和传承,而且要让更多的人去认识、了解、喜欢并传承。包头市青山区文体旅游广电局会同包头市青山区教育局教研中心积极推动"非遗进校园"活动。包头市青山区文化馆和包头市青山区教育局教研中心组织非遗传承人和学校教师组成团队,专门设置面塑课程反复研究并不断完善。

未来是孩子们的!在今天贯彻"双减"政策的大环境下,这本书正逢其时,也正中要点。至于和面塑相关的知识点、技法、要义、体会和收获,书中图文并茂、深入浅出地给予介绍,有趣且有味,希望学习它的人不仅学会面塑技能,还在面塑过程中传承这一技艺!

谨此为序!

杨 挺

2021 年 9 月 26 日于北京

目录

面塑面花之基础造型篇

第1课　面塑面花 ………………………… 002
第2课　寿桃 ……………………………… 004
第3课　石榴 ……………………………… 006
第4课　葫芦 ……………………………… 008
第5课　佛手瓜 …………………………… 010
第6课　欢鱼 ……………………………… 012
第7课　吉兔 ……………………………… 014
第8课　刺猬 ……………………………… 016
第9课　麻花 ……………………………… 018
第10课　花卷 ……………………………… 020
第11课　花盘 ……………………………… 022
第12课　盘花 ……………………………… 024
第13课　网花 ……………………………… 026
第14课　菊花 ……………………………… 028
第15课　莲 ………………………………… 030
第16课　向日葵 …………………………… 032

面塑面花之十二生肖篇

第17课　鼠 ………………………………… 036
第18课　牛 ………………………………… 038

第 19 课　虎 ……………………………………… 040

第 20 课　兔 ……………………………………… 042

第 21 课　龙 ……………………………………… 044

第 22 课　蛇 ……………………………………… 046

第 23 课　马 ……………………………………… 048

第 24 课　羊 ……………………………………… 050

第 25 课　猴 ……………………………………… 052

第 26 课　鸡 ……………………………………… 054

第 27 课　狗 ……………………………………… 056

第 28 课　猪 ……………………………………… 058

面塑面花之传统寓意篇

第 29 课　枣花糕 ………………………………… 062

第 30 课　连年有余 ……………………………… 064

第 31 课　诸事如意 ……………………………… 066

第 32 课　五福捧寿 ……………………………… 068

面塑面花之节令礼仪篇

第 33 课　春节花馍 ……………………………… 072

第 34 课　枣山 …………………………………… 074

第 35 课　元宵节面灯 …………………………… 076

第 36 课　清明节寒燕燕 ………………………… 078

第 37 课　端午节面花 …………………………… 080

第 38 课 爬娃娃 …………………………………… 082

第 39 课 中秋节花馍 ………………………… 084

第 40 课 重阳节寿桃 ………………………… 086

第 41 课 满月馍 ……………………………… 088

第 42 课 面锁 ………………………………… 090

第 43 课 圆锁 ………………………………… 092

第 44 课 婚庆喜馍 …………………………… 094

第 45 课 生日花糕 …………………………… 096

第 46 课 乔迁开业礼馍 ……………………… 098

面塑彩塑篇

第 47 课 玫瑰花 ……………………………… 102

第 48 课 牡丹花 ……………………………… 104

第 49 课 白菜 ………………………………… 106

第 50 课 鹦鹉 ………………………………… 108

第 51 课 大熊猫 ……………………………… 110

第 52 课 小毛驴 ……………………………… 112

第 53 课 鹿 …………………………………… 114

第 54 课 小蚂蚁 ……………………………… 116

第 55 课 狮子 ………………………………… 118

第 56 课 彩塑面人 …………………………… 120

面塑面花之基础造型篇

第1课 面塑面花

准备材料

主料：小麦面粉、发酵粉。

辅料：红枣、红豆、黑豆、南瓜、紫薯、菠菜、红曲米粉、蝶豆花。

 ## 制作工具

碗、剪刀、镊子、小梳子、筷子等。

 ## 制作步骤

① 在碗中倒入面粉
② 放入发酵粉
③ 放入水
④ 和面
⑤ 塑形
⑥ 醒发、蒸熟

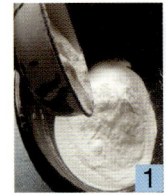

面塑面花是源于中国北方小麦产区及黄河流域的民间传统艺术。山西面塑以塑为主，着色为辅，富有雅拙的美感；山东面塑造型生动，以贴花为主，用色明快、大方、朴实、简练；陕西花馍又称礼馍、面花，色彩艳丽、做工精致，造型以插花为主；内蒙古包头的花馍造型简洁，多用食用色点上红点、绿点做装饰。

温馨提示

和面比例（仅供参考）：面粉500g、发酵粉3g、水200g。

所有作品蒸熟才算完成。

温馨提示

尝试揉出光滑的面团吧！可以向长辈们请教哟！

第 2 课 寿桃

制作步骤

1. 将面揉成圆形
2. 搓出桃形
3. 制作叶子
4. 压出叶脉

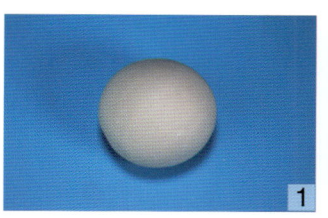
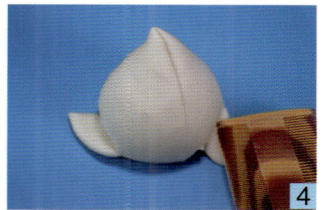

温馨提示

注意寿桃的叶子要均匀剪开。

 作品欣赏

学习活动

运用所学方法为家中长辈制作一个精美的大寿桃吧！

寿桃：祝寿所用的桃，一般用面粉制成，也有用鲜桃的。神话中，西王母做寿，设蟠桃会招待群仙，所以一般习俗用桃来做庆寿的物品。

扫码阅读
神奇面塑

- 配套视频
- 高清大图
- 面塑来赏析

第3课 石榴

制作步骤

1. 将面揉成桃形
2. 剪石榴"嘴儿"
3. 剪叶子
4. 压出叶脉
5. 推叶形
6. 完成

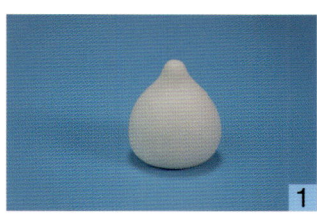
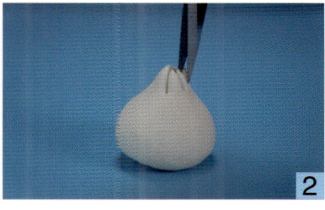

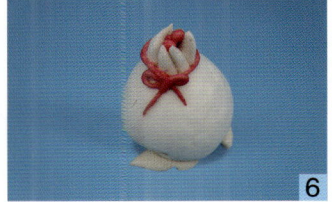

温馨提示

做"石榴"时,别忘了做一些"石榴籽"放到里面哦!

 作品欣赏

学习活动

运用所学方法做一个红红火火的石榴吧!

在中国传统文化中,石榴为吉祥物,正如中华民族大家庭的多民族特点,用"像石榴籽一样紧紧抱在一起"来比喻各民族团结,寓意深刻,意境深远。

第4课 葫芦

制作步骤

1. 将面揉成胡萝卜状
2. 在1/3处捏细
3. 捏出头和肚
4. 装饰红绳、花和叶
5. 完成

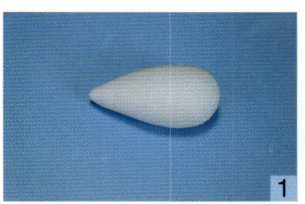

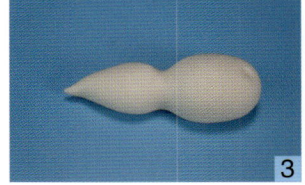

温馨提示

花馍定型后要上锅蒸熟，出锅时注意安全，小心烫手！

作品欣赏

事事如意　　　　福禄双全

学习活动

运用所学方法制作一个葫芦吧！

葫芦，造型精美，深受人们喜爱。面塑葫芦，生动有趣，简单易做。

第 5 课 佛手瓜

 **制作步骤**

❶ 先将面揉成水滴状,再压扁

❷ 剪出卷须

❸ 调整造型

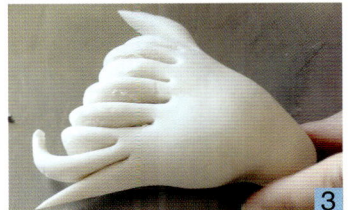

温馨提示

注意中间部位的造型。

 作品欣赏

学习活动

运用所学方法制作一个充满创意的佛手瓜吧!

佛手瓜的造型如双手合掌,有祝福之意,深受人们喜爱。

第 6 课 欢鱼

制作步骤

1. 将面揉成胡萝卜状
2. 压出鱼尾
3. 剪出鱼鳍
4. 捏出背鳍
5. 压出鱼鳞
6. 安眼睛

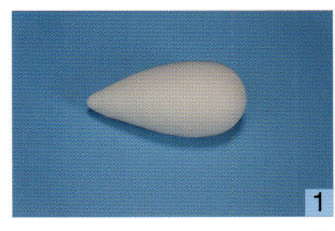
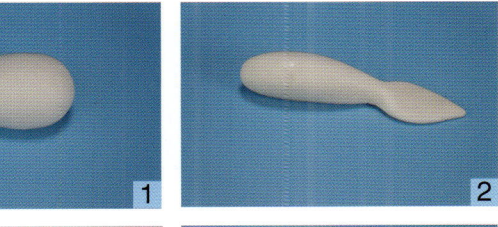
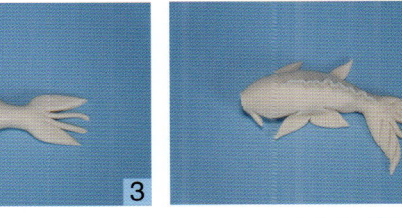

温馨提示

鲤鱼的身体略长，注意把握身体和尾巴的长度。

 作品欣赏

学习活动

运用所学方法制作一条可爱的鱼吧！

面塑作品中有很多鱼的造型，鱼儿自由摆动、灵巧欢快的样子让人赏心悦目。

第7课 吉兔

制作步骤

1. 先将面搓成长条，再对折
2. 上下两头盘卷，用红枣做眼睛
3. 在头部压出耳朵
4. 剪出嘴和尾巴

温馨提示
注意反方向盘卷。

作品欣赏

学习活动
运用所学方法制作一对可爱的吉兔吧！

吉兔，也叫盘兔，是古老的民间面塑造型。

扫码阅读
神奇面塑
- 配套视频
- 高清大图
- 面塑来赏析

第 8 课 刺猬

 制作步骤

1. 将面揉成水滴状
2. 压出头
3. 剪出刺
4. 完成

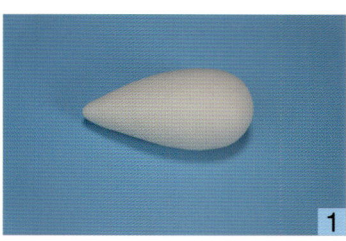
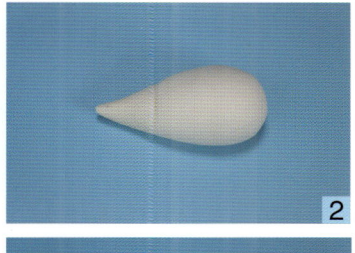
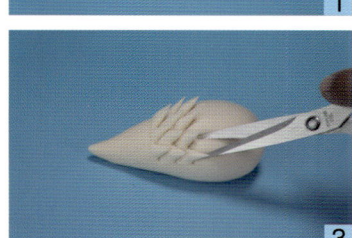

温馨提示

使用剪刀时注意安全！

 作品欣赏

学习活动

本课的重点是学习面塑制作过程中剪刀的使用方法。

身圆圆，嘴尖尖，身上没弓只有箭。这就是可爱的小刺猬。刺猬广泛栖息于山地、森林、草原、开垦地或荒地等，昼伏夜出，吃昆虫、鼠、蛇等，对农业有益。

第9课 麻花

制作步骤

1. 将面搓成长条
2. 两头对折反复拧
3. 两头捏紧
4. 剪出麦穗造型

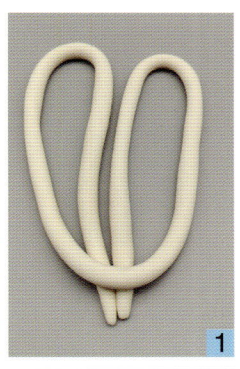

温馨提示

麻花条要搓得均匀，再拧紧。

 作品欣赏

学习活动

试着制作一个麻花造型的馍吧！

麻花有独特的造型，把两三股条状的面拧在一起，可制作出多种样子。

麻花造型主要用在花馍边缘的装饰部位，如麦穗边、双色麻花边等。

第 10 课 花卷

 **制作步骤**

1. 将面揉成圆形
2. 擀片
3. 对折
4. 再对折
5. 切条
6. 叠加
7. 按压

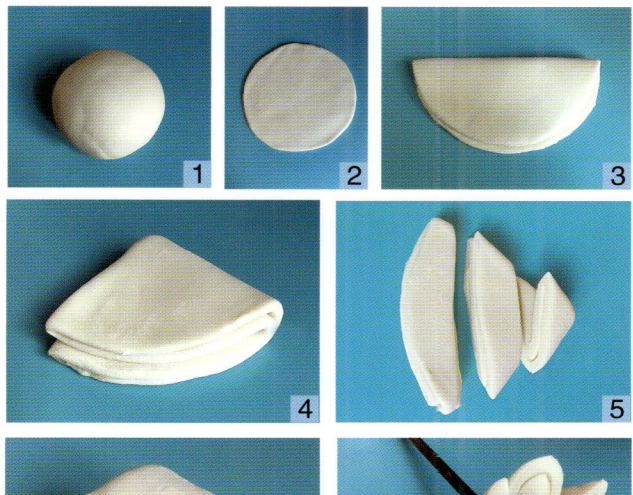

温馨提示

花卷要叠出多层才好看。

 制作步骤

1. 将面擀片
2. 对折
3. 切
4. 扭
5. 卷

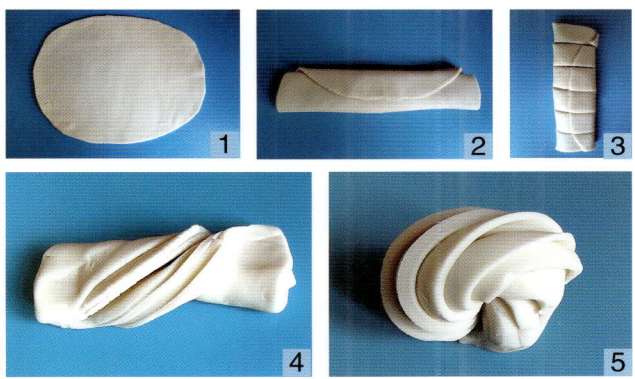

学习活动

运用所学方法做一个造型独特的花卷吧!

花卷,一种蒸熟吃的面食,多卷成螺旋状。花卷的样式很多,不同的造型可以用于不同的场合。例如:枣花卷一般用于春节礼馍;莲花卷和鱼搭配,多用于婚庆喜馍。

第11课 花盘

制作步骤

1. 将面擀成圆面片
2. 沿着面片的边均匀地剪
3. 捏花边
4. 压出花纹

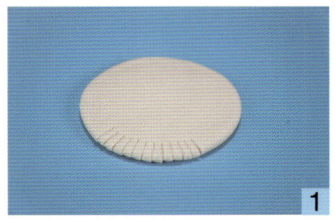
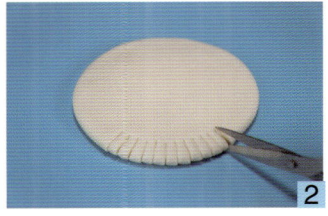

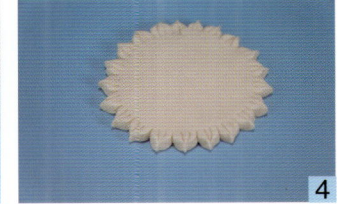

温馨提示

剪花边的时候，长短和粗细要均匀呦！

 作品欣赏

学习活动

用擀、剪、捏等方法，做一个漂亮的"花盘"吧！

花盘主要用于摆放小件面塑作品，方便组合不同的花馍。造型上主要采用圆形，多呈锯齿状花边或荷叶边。

第 12 课 盘花

制作步骤

1. 将面搓成条
2. 盘成条
3. 夹出花瓣
4. 加枣点缀

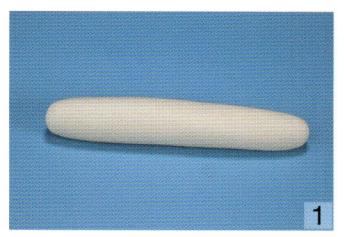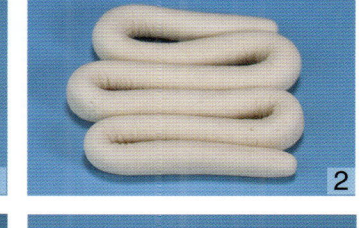

温馨提示

搓条时，粗细要均匀。

 作品欣赏

学习活动

搓一根长长的面条，盘几朵连在一根枝上的花，试着做一做吧！

在面塑的组合作品中，盘花起装饰作用，运用搓、盘、夹等方法，可以做各种各样的盘花作品。

扫码阅读
神奇面塑
- 配套视频
- 高清大图
- 面塑来赏析

第13课 网花

制作步骤

1. 将面擀成长方形薄片
2. 对折
3. 剪条
4. 调整花瓣
5. 加叶子

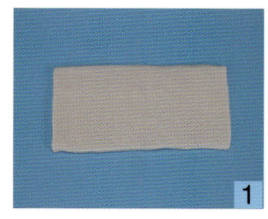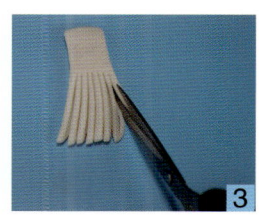

温馨提示

剪条要均匀,不能剪断。

 作品欣赏

学习活动

运用所学方法制作一件美观新颖的网花作品吧!

网花可用于装饰各种各样的大型面塑作品,制作方法简单,颜色多样。网花源自陕西面花,由面条交叉形成各种网格状的花卉造型,是面塑花卉的一种。

第14课 菊花

 **制作步骤**

1. 将面搓成长条,从两头反方向盘卷
2. 夹
3. 剪
4. 装饰

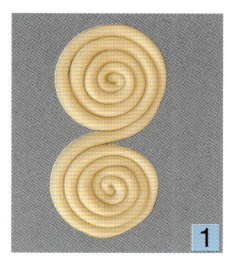
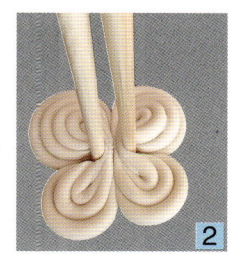

温馨提示

盘卷的时候,注意两头方向相反、均匀。

 作品欣赏

学习活动

运用所学方法制作一朵美丽的菊花吧!

菊花是中国的名花,花中四君子(梅、兰、竹、菊)之一。古代文人常用菊花来表达淡泊名利的情操,菊花也由此得了"花中隐士"的美誉。

第 15 课 莲

制作步骤

1. 准备6个方型面片
2. 切开
3. 两片叠加,大片在下
4. 两角相对,捏紧
5. 均匀摆放
6. 加莲心

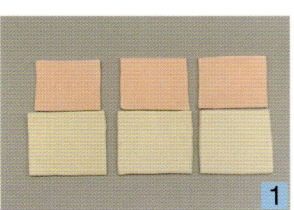
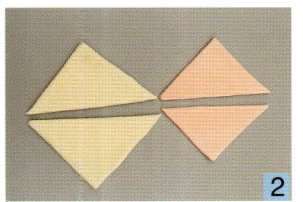

温馨提示

面塑花馍的颜色由蔬菜等食材调制而成。例如:绿色用菠菜,黄色用南瓜,红色用红曲米,紫色用紫薯。

作品欣赏

学习活动

运用所学方法制作一朵美丽的莲花吧!

莲,又称荷花、莲花、芙蓉,属多年生水生草本植物。根状茎称藕,可食用;叶可入药;莲子为营养品;花可供观赏,是中国十大名花之一。

第 16 课 向日葵

制作步骤

1. 将面揉成圆形
2. 剪外层
3. 剪内层
4. 压出花纹,完成

温馨提示

注意花瓣的大小。

 作品欣赏

学习活动

运用所学方法做一件向日葵面花组合作品吧!

向日葵始终朝向太阳,有追逐光明的美好寓意,象征着一种积极向上的态度和朝气蓬勃的精神。

向日葵花馍主要用于装饰组合作品。

面塑面花之十二生肖篇

第 17 课 鼠

 **制作步骤**

1. 将面捏成胡萝卜状
2. 剪前肢
3. 剪后肢和耳朵
4. 剪出尾巴、安眼睛

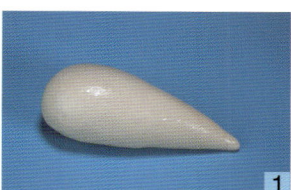
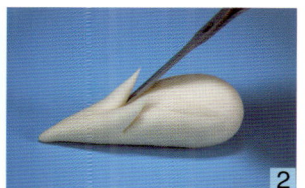

温馨提示

你知道小老鼠的尾巴是怎么剪出来的吗?

 **作品欣赏**

续爱华作品

学习活动

背一背十二生肖,动动小手,让我们一起制作一只可爱的小老鼠吧!

"小老鼠,上灯台,偷油吃,下不来。"有关鼠的成语有投鼠忌器、鼠目寸光等。

扫码阅读
神奇面塑

- 配套视频
- 高清大图
- 面塑来赏析

第 18 课 牛

制作步骤

① 捏出头和身

② 剪出牛角和耳朵

③ 剪出牛嘴，扎出大鼻孔

④ 剪出四肢

⑤ 剪出尾巴

⑥ 安眼睛

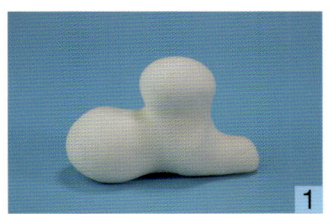
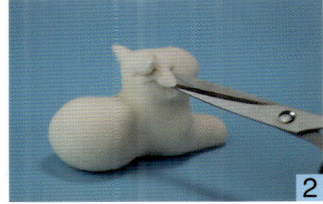
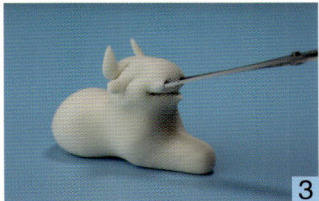

温馨提示

牛有大鼻孔和大嘴巴，制作时要注意呦！

 作品欣赏

学习活动

展开想象，捏出勤劳朴实的小牛吧！

 知识窗

"身上一身毛，头上两个角，好吃青青草，还会哞哞叫，一生很勤劳，从来不骄傲。"有关牛的成语有汗牛充栋、九牛一毛、对牛弹琴等。

第 19 课 虎

制作步骤

1. 捏出身体,剪出嘴
2. 调整嘴型,剪出耳朵
3. 用小棒装饰细节
4. 剪四肢,用梳子压出爪子
5. 剪出胡须
6. 贴"王"字装饰

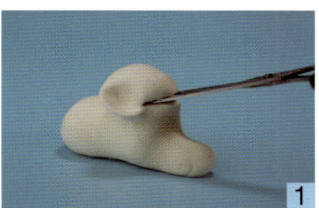
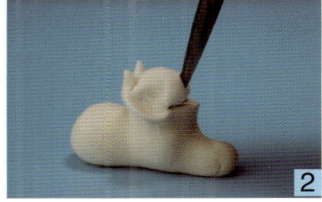
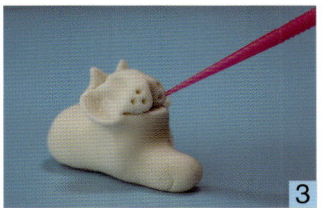

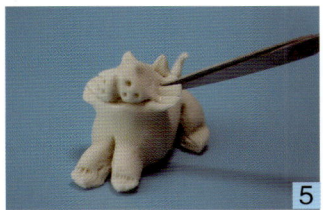

温馨提示

注意小老虎的身体比例:头大、身粗、屁股圆。

 作品欣赏

学习活动

动动小手,捏一只威武勇猛的小老虎吧!

"长着尖尖牙,森林称霸王。"有关虎的成语有藏龙卧虎、虎踞龙盘、调虎离山等。

第 20 课 兔

制作步骤

① 将面捏成葫芦状,剪出胡须

② 用小棒压出耳朵,剪嘴

③ 剪出前腿和后腿

④ 用梳子压出爪子

⑤ 剪出尾巴

⑥ 安眼睛

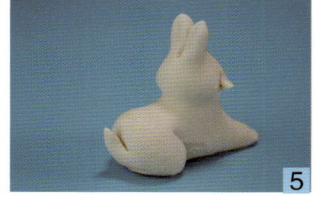

温馨提示

学习运用"推""挑"的技法,制作小兔子的三瓣嘴。

 作品欣赏

学习活动

你能捏出两种不同造型的兔子吗?

"红眼睛,白皮袄,小兔子,相貌好,后脚长又大,前脚短又小,走起路来一蹦又一跳。"有关兔的成语有守株待兔、狡兔三窟等。

第 21 课 龙

制作步骤

① 将面搓成一头圆一头尖的长条形

② 折龙身和龙头

③ 剪出龙角

④ 压出龙鳞,捏出龙爪,调整造型

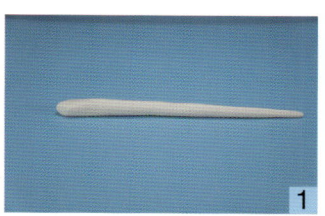
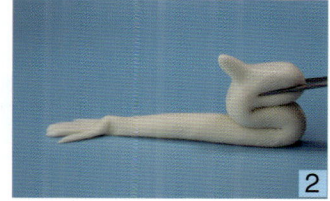

温馨提示

注意龙的身体比例,注意区别龙的五官与其他生肖五官的不同之处。

 作品欣赏

学习活动

运用所学方法制作一条活灵活现的龙吧!

龙,我国古代传说中的神异动物,身体长,有鳞,有角,有脚,能走,能飞,能游泳,能兴云降雨。有关龙的成语有龙飞凤舞、龙马精神、叶公好龙等。

第 22 课 蛇

制作步骤

1. 将面搓成胡萝卜状
2. 捏蛇头，剪嘴巴
3. 剪出背纹
4. 盘蛇形，安眼睛

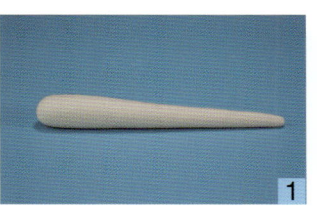
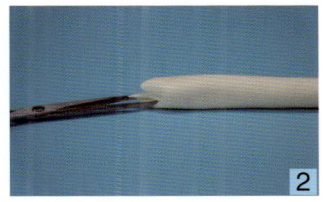
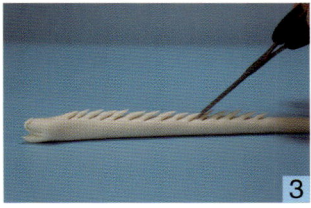

温馨提示

注意蛇的头部造型，捏出蛇头三角形的特点。

作品欣赏

学习活动

运用所学方法制作一个盘蛇的面塑吧！

"坐也是卧，立也是卧，行也是卧，卧也是卧。"有关蛇的成语有杯弓蛇影、画蛇添足、引蛇出洞等。

扫码阅读
神奇面塑

- 配套视频
- 高清大图
- 面塑来赏析

第 23 课 马

 **制作步骤**

1. 捏出身体基本形状
2. 捏鬃毛
3. 制作五官
4. 剪出四肢和尾巴，调整造型

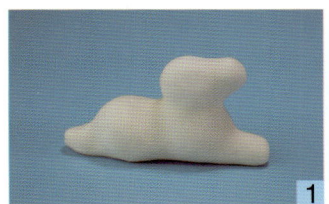
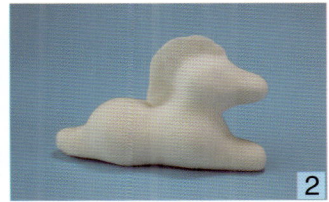
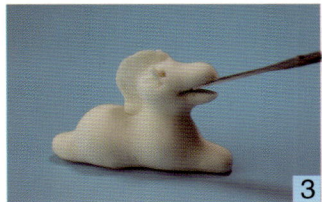

温馨提示

注意鬃毛的立体感，要凸显马的气势。

作品欣赏

学习活动

大胆尝试，捏一匹动静自如的小马吧！

马，强壮、忠诚、勇敢，善于奔跑。有关马的成语有汗马功劳、金戈铁马、千军万马、悬崖勒马、马不停蹄等。

第 24 课 羊

制作步骤

① 捏出葫芦形

② 捏出羊角和耳朵

③ 剪出嘴

④ 剪出四肢,调整造型

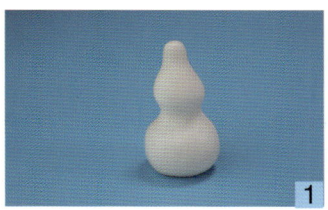

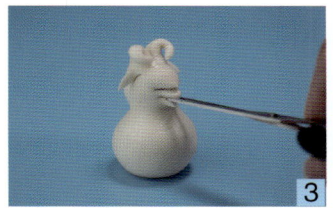

温馨提示

注意羊的爬卧姿势以及羊角和耳朵的翻折方法。

 作品欣赏

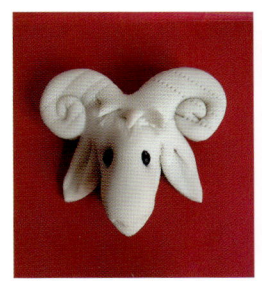

学习活动

运用所学方法捏出造型各异的小羊吧!

"穿白衣,爱吃草,唱起歌来咩咩叫。"有关羊的成语有亡羊补牢、羊肠小道等。

第 25 课 猴

制作步骤

1. 将面搓成胡萝卜状
2. 捏出猴子头
3. 剪出四肢
4. 调整造型

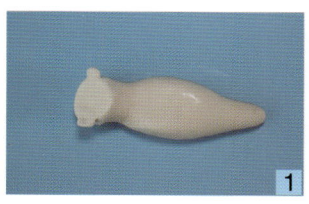

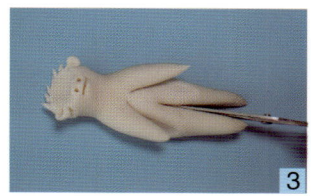

温馨提示

注意翻折猴子的腿部。

 ## 学生作品

学习活动

动动小手，一起来制作一只古灵精怪的小猴子吧！

"手似脚来脚似手，红红屁股脸儿丑。生来淘气恶作剧，动作表情很像人"，说的正是猴子。有关猴的成语有猴年马月、尖嘴猴腮等。

第 26 课 鸡

制作步骤

1. 将面捏成葫芦状
2. 捏出尾巴和嘴巴
3. 剪出翅膀
4. 装饰头部和颈部

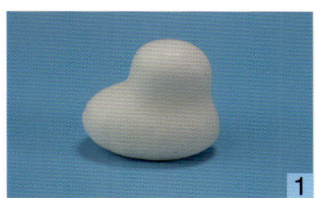
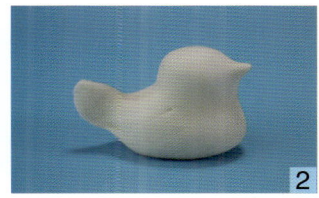
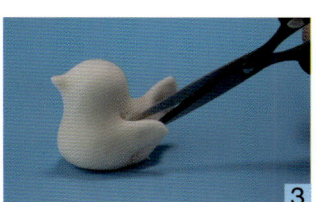

温馨提示

注意鸡头要昂扬向上。

作品欣赏

学习活动

你知道鸡的彩色翅膀是怎么做出来的吗？

知识窗

"头上顶着大红冠，身穿五彩花花衣，每天早晨要歌唱，人人听了忙穿衣。"有关鸡的成语有鹤立鸡群、闻鸡起舞等。

扫码阅读
神奇面塑
- 配套视频
- 高清大图
- 面塑来赏析

第 27 课 狗

制作步骤

1. 捏出身体基本形状
2. 捏出头、身和前腿
3. 剪出后腿和尾巴
4. 压出爪子，安眼睛

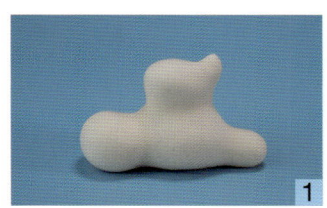
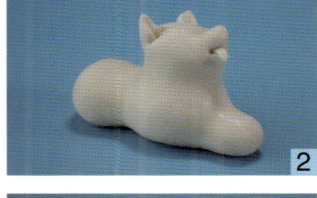

温馨提示

注意小狗的神态，舌头要吐出来。

 作品欣赏

学习活动

运用所学方法做几只不同造型的小狗吧！

"粽子头，梅花脚，站着没有坐着高，一年四季穿皮袍。看见生人它就叫，看见主人把尾摇。"有关狗的成语有白衣苍狗、蝇营狗苟、狗尾续貂等。

第 28 课 猪

制作步骤

1. 将面捏成葫芦状
2. 剪出四肢
3. 剪出耳朵和嘴
4. 扎出鼻孔，调整造型

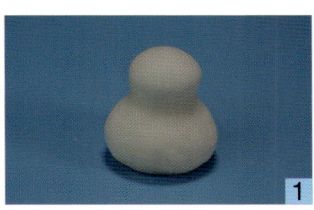
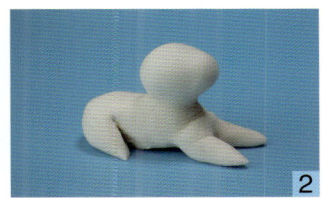
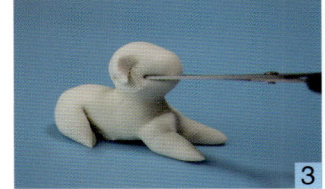

温馨提示

注意小猪的身体要圆，鼻孔要向上，尾巴要细。

 作品欣赏

学习活动

想一想，怎样才能捏出一头可爱的小猪呢？

"耳朵像扇子,鼻子大又圆,身子肥又矮,吃饱只会睡。"猪的全身都是宝,肉可食,皮可制皮革,鬃毛可做刷子。

面塑面花之传统寓意篇

第29课 枣花糕

制作步骤

① 将面搓成条

② 制作枣圈

③ 擀面皮

④ 铺枣圈

⑤ 盖面皮

⑥ 完成

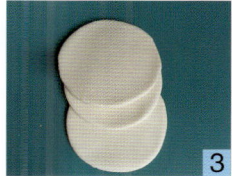

温馨提示

自下而上一层一层叠加面皮和枣圈。

 作品欣赏

学习活动

学做枣圈，并将其叠加成有趣的"步步登高"花馍，祝自己学习进步。

蒸"枣花糕"，将红红的枣点缀在层层叠叠的山形面食上，造型精美。

扫码阅读
神奇面塑
- 配套视频
- 高清大图
- 面塑来赏析

第30课 连年有余

制作步骤

1. 将面搓成水滴状
2. 压扁
3. 压出叶脉
4. 叠加出花形
5. 做荷叶
6. 组合完成

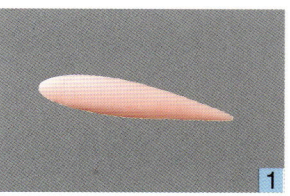
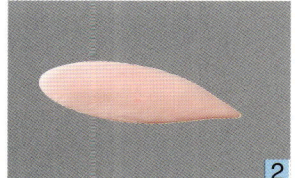

温馨提示

花瓣要由少到多，一层一层叠加。

 作品欣赏

学习活动

运用所学方法做一个莲花和鱼的组合吧！

莲花与鱼的组合，表达"连年有余"的美好心愿。

第31课　诸事如意

制作步骤

1. 将面揉成圆形
2. 压出柿子状
3. 做叶子
4. 将面搓成两头尖的长条
5. 使长条对折弯曲
6. 卷枣
7. 卷成如意形
8. 组合完成

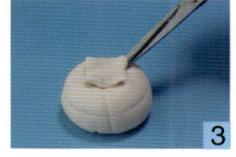 
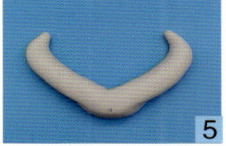 

温馨提示

注意叶子的边缘要翘起来。

 作品欣赏

学习活动

小组学习"如意"的制作方法，再组合完成"诸事如意"。

诸事如意由猪、柿子和如意组合而成："猪"与"诸"同音，"柿"与"事"同音，如意是中国家喻户晓的吉祥物，三者结合，表达心想事成、万事如意的美好愿望。

第 32 课　五福捧寿

制作步骤

1. 将面搓成两头尖的长条
2. 对折,捏出花边
3. 剪出身体
4. 完成

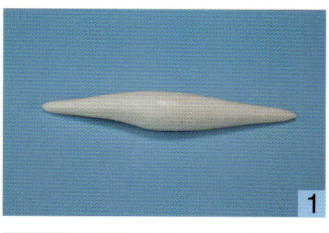
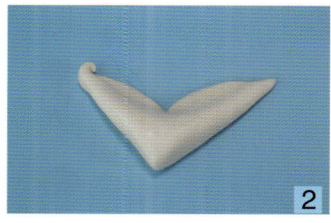
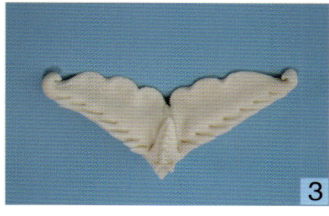
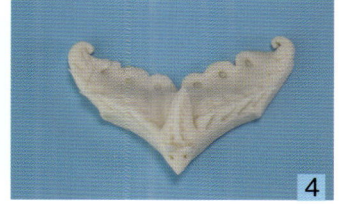

温馨提示

注意掌握身体和翅膀的比例。

 作品欣赏

学习活动

运用所学方法做五只蝙蝠和寿桃的组合送给长辈,并送上美好的祝福吧!

知识窗

五福捧寿,由五只蝙蝠围着"寿"字或桃子构成。蝙蝠之"蝠"与"福"字同音,故以"五蝠"代表五福。

面塑面花之节令礼仪篇

组合步骤

1. 福
2. 禄
3. 寿
4. 喜
5. 吉祥
6. 如意

  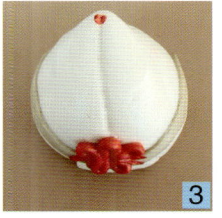
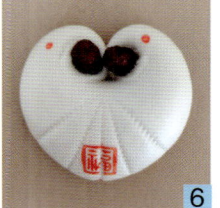

温馨提示

每个花馍的造型都不同,你都掌握了吗?

 作品欣赏

学习活动

运用各种花馍的造型,以小组合作的形式,选择一个节日庆典为主题制作面塑作品吧!

 **知识窗**

包头地区有过年蒸花馍的习俗。年前,家家户户用上好的白面包上豆馅、红枣,再捏出鱼、兔、葫芦、如意等造型,花馍蒸熟后,再用食用色点上红点、绿点做装饰。春节花馍也是亲朋好友拜年时互相赠送的表示祝福的礼物。

扫码阅读
神奇面塑
- 配套视频
- 高清大图
- 面塑来赏析

第 34 课 枣山

制作步骤

1. 将面搓成长条
2. 卷枣
3. 组成山形
4. 盘钱龙

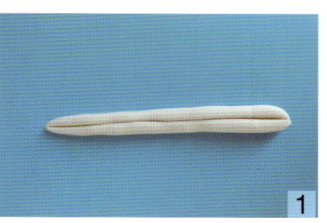

温馨提示

注意每个馍馍衔接部位的处理。

 作品欣赏

学习活动

大胆尝试，捏出造型各异的枣山馍馍吧！

民间有"二十八，把面发，二十九，蒸馒头"的说法。春节枣山花馍，用红枣做装饰，有三角形和圆形，一层摞一层，自下而上堆叠，依次递减。

第 35 课　元宵节面灯

制作步骤

1. 准备好面团
2. 将大面团两头搓长，剪出四肢
3. 调整四肢和尾巴
4. 捏出灯碗
5. 把捏好的头和灯碗放好
6. 加灯芯装饰面花

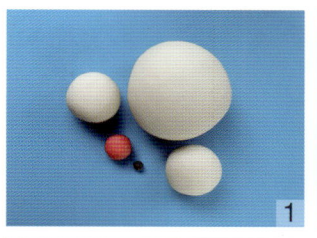
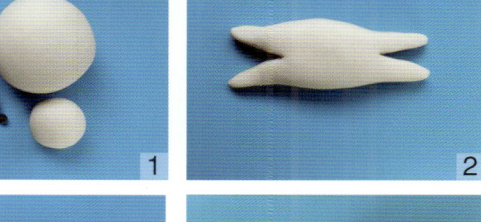

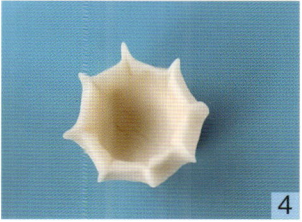

温馨提示

注意面灯的灯部造型。

 作品欣赏

学习活动

大胆动手，捏出造型各异的面灯吧！

元宵节，中国传统节日又称上元节或灯节。元宵节主要有赏花灯、吃汤圆、猜灯谜、放烟花等民俗活动，不少地方还有耍龙灯、舞狮子、踩高跷、划旱船、扭秧歌、打太平鼓等传统民俗表演。2008年，元宵节入选第二批国家级非物质文化遗产名录。

第 36 课 清明节寒燕燕

制作步骤

1. 捏出鸟形
2. 剪出翅膀和尾巴
3. 压出花纹
4. 调整完成

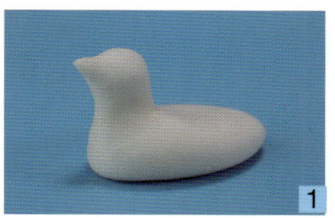
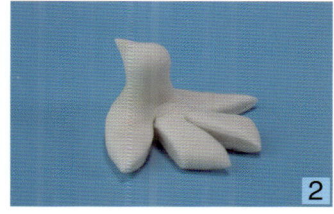
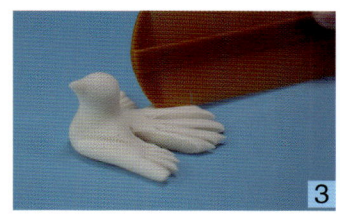
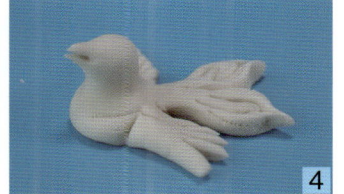

温馨提示

注意小燕子的头要立起来。

 作品欣赏

学习活动

展开想象，捏几只造型各异的寒燕燕吧！

"小燕子穿花衣，年年春天来这里。"相传寒燕燕是由寒食节产生的。寒食节不能动火，只能吃冷饭，家家就提前蒸了馒头预备着。后来，这些冷馒头就逐渐演变成丰富多彩的面塑艺术品，表达人们对风调雨顺、美好生活的期盼。

第 37 课 端午节面花

制作步骤

1. 将面搓成胡萝卜状
2. 从头部两侧剪出前肢
3. 搓出尾巴,剪出腿
4. 压出花纹,安眼睛

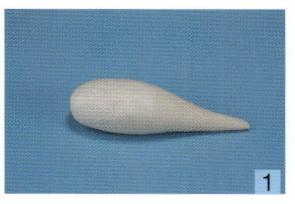
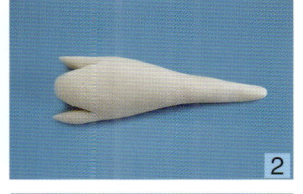

温馨提示

制作蝎子背部的花纹时,你有更好的创意吗?

 作品欣赏

学习活动

选择蝎子、蛇、壁虎、蜈蚣、蟾蜍中的一种做一做吧!

端午节,中国传统节日,在农历五月初五日。

2006年,端午节入选第一批国家级非物质文化遗产名录;2009年,中国端午节成功入选人类非物质文化遗产代表作名录。

端午节的风俗有赛龙舟、"避五毒"等。所谓"五毒",一般指的是蝎子、蛇、壁虎、蜈蚣、蟾蜍。有些地方的人会在端午节蒸五毒面花。

扫码阅读
神奇面塑
- 配套视频
- 高清大图
- 面塑来赏析

第 38 课 爬娃娃

制作步骤

1. 揉3个圆球
2. 捏出头形
3. 捏出身体
4. 组合、装饰

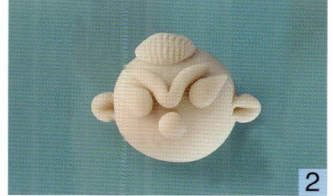

温馨提示

注意爬娃娃的双手要交叉摆放，这样更可爱。

 作品欣赏

学习活动

动动小手，快来捏出造型各异的爬娃娃吧！

在农历七月十五日，包头及周边一些地区有蒸"面人人"的习俗。"面人人"主要是做着爬行动作的"胖娃娃"，因此也叫"爬娃娃"，是长辈送给孩子的零食和玩具。

第39课 中秋节花馍

制作步骤

1. 准备用面粉制作的荷叶、花瓣
2. 压出面圈
3. 粘贴水面
4. 粘贴荷花、荷叶

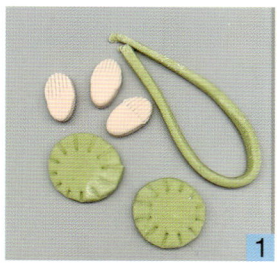
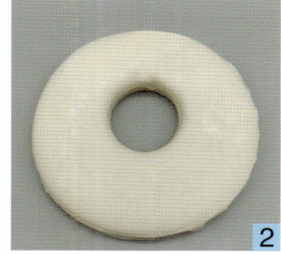
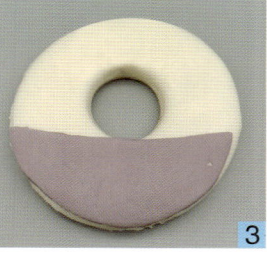
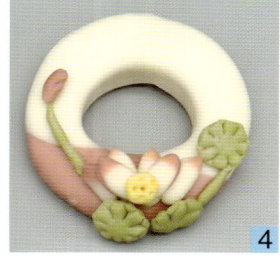

温馨提示

注意月饼的脱模方法。除了刷油,你还有其他办法吗?

 作品欣赏

荷塘月色

学习活动

中秋节时,大家一起来制作月饼吧!

"荷塘月色"是制作者使用荷花、月亮等素材创作的面塑作品,造型精美。

第 40 课 重阳节寿桃

组合步骤

① 在花盘上摆放"如意"

② 摆放"富贵有余"

③ 摆放"福禄双全"

④ 装点祝寿礼馍

温馨提示

组合制作时，注意搭配不同造型的花馍。

 作品欣赏

学习活动

展开想象，搭配各种不同造型的花馍，集体制作以祝寿为主题的组合面塑作品吧！

农历九月初九日为重阳节，是中国传统节日，有登高、赏菊等习俗。

第 41 课 满月馍

组合步骤

1. 准备圆形面圈
2. 摆放盘花做装饰
3. 组合造型各异的花馍
4. 调整造型，选择对应的生肖花馍做装饰

温馨提示

摆放的时侯，使用牙签加固、放稳。

 ## 作品欣赏

学习活动

组合花馍的方法你都记住了吗？

婴儿出生后满一个月即为满月。孩子满月时，家里一般要摆满月酒宴。有的地方的人会给孩子准备花馍、鞋帽等礼物，亲朋好友都来祝贺，祝福孩子平安健康。

扫码阅读
神奇面塑
- 配套视频
- 高清大图
- 面塑来赏析

第 42 课 面锁

 **组合步骤**

1. 准备圆形面圈
2. 摆放面塑鱼、兔、福手、锁
3. 摆放面塑石榴、十二生肖
4. 调整完成

温馨提示

各个部件要摆放均匀。

 **作品欣赏**

学习活动

集体尝试做一件以"百岁岁"为主题的面塑作品吧!

知识窗

"面锁"是由面花组成的大面圈,上面摆放九个石榴、一只拎锁的福手、一条鱼、一只兔、一朵莲花及十二生肖。戴面锁指由长辈将面锁给过"百岁岁"的孩子戴在头上并说祝福语的仪式。"百岁岁"指孩子出生一百天。

第43课 圆锁

制作步骤

1. 先将面搓成半圆形,再将两头搓尖
2. 捏出外形
3. 卷锁把
4. 压出花纹,贴花

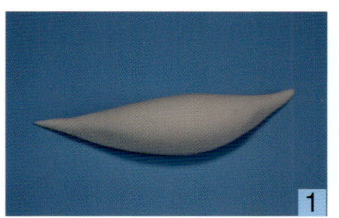
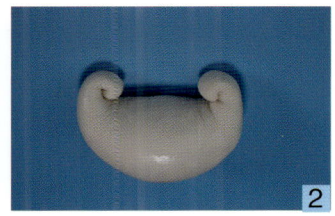
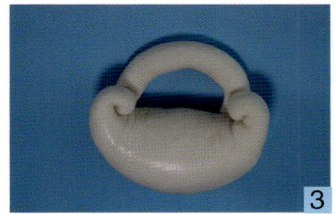

温馨提示

卷的时候要从外向里卷。

 作品欣赏

学习活动

学习制作"圆锁",小组合作制作"面锁",再说说自己的理想和愿望。

按照包头习俗,孩子长到十二岁时要举行开锁仪式,俗称"过圆锁"。长辈做一个"面锁",把锁从中间掰开,表示孩子平安长大,可以去更广阔的天地自由翱翔了。

第 44 课　婚庆喜馍

制作步骤

1. 捏出鸳鸯头型
2. 安眼睛和嘴
3. 捏出身体
4. 捏出翅膀
5. 组合
6. 调整

  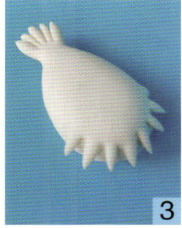

温馨提示

注意突出鸳鸯的特点以及与其他鸟类的区别。

 作品欣赏

学习活动

展开想象，运用各种不同造型的花馍，集体制作以婚庆为主题的组合面塑作品吧！

婚庆中所用的面塑作品的主题往往围绕新人永远恩爱、早生贵子等。例如，人们常常在新人结婚时制作《龙凤呈祥》《百年好合》等面塑作品。

第 45 课 生日花糕

组合步骤

1. 摆放"如意枣馍"
2. 准备"步步登高"
3. 选择生肖花馍
4. 组合

温馨提示

注意选择与年龄对应的花馍。

 作品欣赏

学习活动

运用传统技法，给亲人制作一款生日花糕吧！

生日花糕，由各种花馍组合在一起，老少皆宜，表达对亲人的祝福。

扫码阅读
神奇面塑
- 配套视频
- 高清大图
- 面塑来赏析

第 46 课 乔迁开业礼馍

组合步骤

1. 准备面塑白菜
2. 面塑花盘
3. 面塑"步步登高"
4. 面塑元宝
5. 面塑鱼
6. 将以上面塑逐层摆放、固定

温馨提示

礼馍组合部件比较多，注意要摆放均匀，可用竹签固定。

 作品欣赏

"迁入新宅吉祥如意，搬进高楼福寿安康"，乔迁新居或新店开张时，亲朋好友一般都会送礼物表示祝贺。

学习活动

展开想象，搭配不同造型的花馍，制作以乔迁开业为主题的组合面塑作品吧！

面塑彩塑篇

第47课 玫瑰花

制作步骤

① 捏

② 卷

③ 裹

④ 贴叶,组合

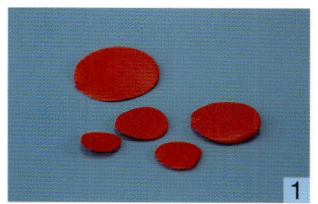

温馨提示

注意观察花瓣层层包裹的方法。

 作品欣赏

学习活动

运用捏、卷、裹、压等方法制作几支花吧!

玫瑰花的花朵有紫红色、白色、红色等多种颜色;花瓣多呈倒卵形,有的重瓣,有的半重瓣;茎粗壮,枝条细,具有很高的观赏价值。

第48课 牡丹花

制作步骤

1. 搓
2. 贴
3. 按成花瓣
4. 把花瓣包裹起来

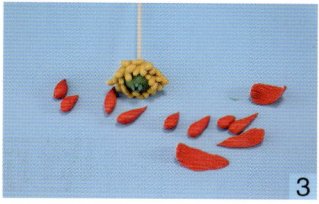

温馨提示

注意观察花瓣层层包裹的方法。

 作品欣赏

学习活动

如何让牡丹花的花瓣有层次感，你有什么好办法吗？

 知识窗

牡丹花是著名的观赏植物，深受人们喜爱。牡丹花具有高贵典雅、雍容端庄的气质，常被用来称赞气质出众的人。

扫码阅读
神奇面塑

- 配套视频
- 高清大图
- 面塑来赏析

第 49 课 白菜

 **制作步骤**

1. 准备一个绿色面团
2. 揉成几个大小不同的水滴状
3. 用工具压扁
4. 压成白菜叶状
5. 压出叶脉
6. 包成白菜的形状

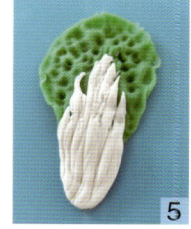

温馨提示

注意白菜叶子和茎的比例。

 作品欣赏

学习活动

让我们动手制作一颗白菜吧！

白菜是很受欢迎的题材，以白菜为造型的工艺品常被人们拿来馈赠亲朋好友。

第 50 课

制作步骤

1. 捏出头部形状
2. 搭配羽毛面团
3. 搓出花纹
4. 做出翅膀
5. 调整翅膀，使其对称
6. 塑形

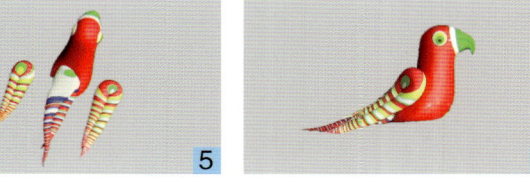

温馨提示

仔细观察，制作羽毛时用了什么方法？

 作品欣赏

学习活动

用同样的方法，你能捏出一只大公鸡吗？

鹦鹉羽毛美丽，乖巧可爱，能模仿人说话的声音，为人们所欣赏和钟爱。

第 51 课 大熊猫

制作步骤

1. 揉出基本形
2. 塑造头部
3. 添加五官
4. 粘四肢

温馨提示

仔细观察熊猫的头部细节，尝试用不同的工具制作。

 作品欣赏

学习活动

运用所学方法制作形态各异的大熊猫吧！

大熊猫，中国国宝，是中国特有的珍贵动物，也是世界自然基金会的形象大使。熊猫在地球上生存了至少800万年，被誉为"活化石"。

第52课 小毛驴

制作步骤

1. 揉出基本形
2. 刻画五官
3. 粘耳朵
4. 粘四肢，调整

温馨提示

仔细观察小毛驴的头部细节，尝试用不同的工具制作。

 作品欣赏

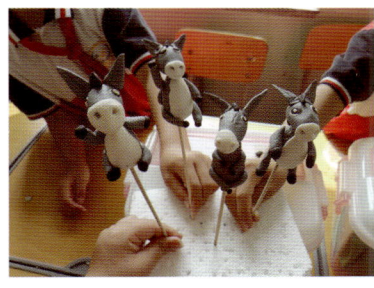

学习活动

运用所学方法制作一头小毛驴吧！

 **知识窗**

"我有一只小毛驴我从来也不骑，有一天我心血来潮骑着去赶集，我手里拿着小皮鞭我心里正得意，不知怎么哗啦啦啦我摔了一身泥。"同学们是不是很熟悉这首儿歌呢？

扫码阅读
神奇面塑
- 配套视频
- 高清大图
- 面塑来赏析

第 53 课　鹿

制作步骤

1. 准备一个面团
2. 捏出犄角和耳朵
3. 身体塑形
4. 添加五官
5. 组合
6. 调整

温馨提示

仔细观察小鹿犄角的造型。

 作品欣赏

学习活动

试着制作一只美丽的小鹿吧!

鹿是一种温顺可爱的动物。包头是蒙古语"包克图"的谐音,意为有鹿的地方,因此可爱的鹿也是包头的吉祥物。

第 54 课 小蚂蚁

制作步骤

1. 准备大小两个面团
2. 做一个桃心脸
3. 粘贴面部
4. 贴眼睛和鼻头
5. 搓出四肢
6. 做出身体
7. 粘贴四肢
8. 贴翅膀
9. 调整

温馨提示

仔细观察小蚂蚁的面部细节。

作品欣赏

学习活动

运用制作蚂蚁的方法，你能做出其他小动物吗？试试吧！

知识窗

蚂蚁虽小，但力气大。蚂蚁成群结队地生活在一起，分工明确，互相帮助，用触须交谈，是可爱有趣的小动物。

第55课 狮子

制作步骤

1. 准备一个面团
2. 塑造身体
3. 塑造后腿
4. 粘贴前腿
5. 塑造五官
6. 修饰头部

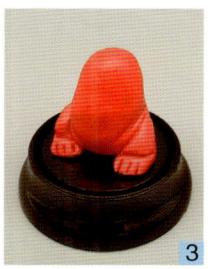

温馨提示

仔细观察狮子的头部造型及神态。

 作品欣赏

学习活动

运用所学方法制作一只威风的狮子吧!

狮子勇武、强大,有"兽王"之称。

第 56 课 彩塑面人